www.ingramcontent.com/pod-product-compliance
Lightning Source LLC
Chambersburg PA
CBHW081005170526
45158CB00010B/2922
9781072918912